Enciclopedia del saber

Cómo funcionan las cosas

Nicholas Harris

LIBSA

© 2010, Editorial Libsa
C/ San Rafael, 4
28108 Alcobendas. Madrid
Tel. (34) 91 657 25 80
Fax (34) 91 657 25 83
e-mail: libsa@libsa.es
www.libsa.es

ISBN: 978-84-662-2032-3

Derechos exclusivos de edición para
todos los países de habla española

TRADUCCIÓN: Ladislao Castellanos

ILUSTRACIONES: Mike Fuller

© MMV, Orpheus Books Limited

TÍTULO ORIGINAL: *How Things Work*

CONTENIDO

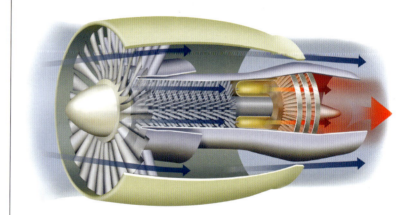

INTRODUCCIÓN

¿Cómo sería la vida sin máquinas? Sería muy difícil viajar lejos, excepto a lomos de un caballo. Llevaría mucho más tiempo hacer las cosas, y ¿puedes imaginar un mundo sin teléfonos, televisiones u ordenadores? Las máquinas modernas nos hacen la vida más fácil y agradable.

VEHÍCULOS PESADOS

Un *bulldozer* usa su pala para remover tierra y escombros. Una excavadora puede romper el suelo usando los «dientes» de su pala y saca los escombros y los deposita en el cajón de un camión volquete.

El camión tiene grandes ruedas y un motor potente, lo que le permite transportar cargas muy pesadas. Para volcar su carga, el cajón se levanta, la puerta trasera oscilante se abre, y los escombros se deslizan.

Pala dentada

Bulldozer

Puerta trasera

Volquete de camión

Pala

Tractores oruga

En este lugar donde se está haciendo una demolición, muchos vehículos tienen orugas en vez de ruedas. Esto permite a las máquinas moverse por terreno blando o desigual. Una grúa balancea una bola demoledora pesada contra los muros de unos edificios viejos y tira los ladrillos rotos al suelo.

Brazo
Bola demoledora
Excavadora
Grúa
Camión volquete

MÁQUINAS DE CONSTRUCCIÓN

Brazo

Gancho

Cabina

Torre

Contrapeso

E n la construcción de un edificio alto se usan muchas máquinas. Una grúa torre es una máquina vital que levanta materiales pesados de construcción y los coloca en su lugar. Aquí levanta vigas de acero a los pisos superiores. Las vigas formarán la estructura del edificio. Los bloques de hormigón forman el suelo y los muros serán después levantados por la grúa.

El conductor dirige la grúa desde la cabina. Un contrapeso de cemento muy pesado situado en la parte trasera equilibra el peso de la carga que levanta la grúa.

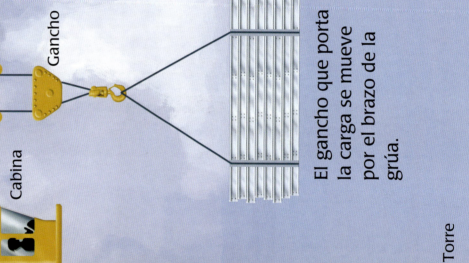

El gancho que porta la carga se mueve por el brazo de la grúa.

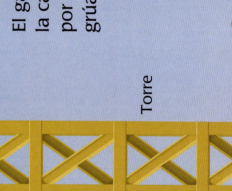

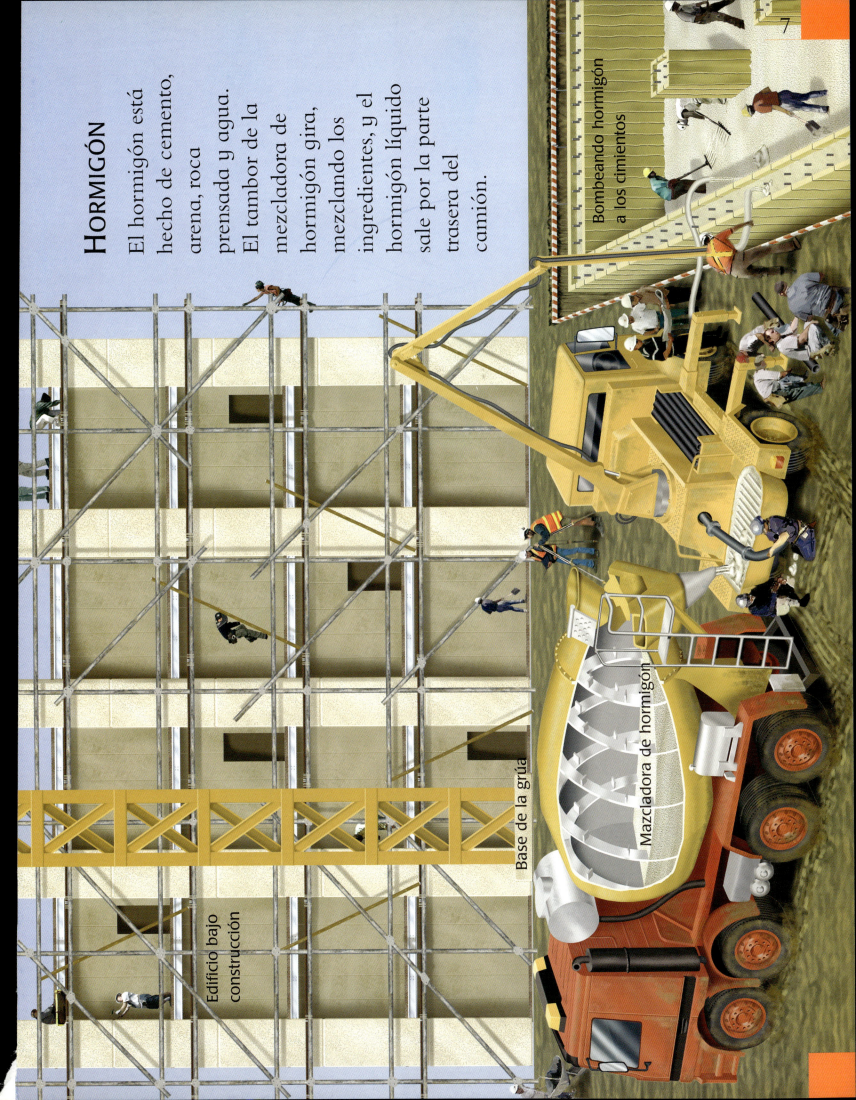

HORMIGÓN

El hormigón está hecho de cemento, arena, roca prensada y agua. El tambor de la mezcladora de hormigón gira, mezclando los ingredientes, y el hormigón líquido sale por la parte trasera del camión.

Bombeando hormigón a los cimientos

Edificio bajo construcción

Base de la grúa

Mazcladora de hormigón

COCHES

Los coches son impulsados por motores alimentados por gasolina o diésel. El motor suministra potencia para mover las ruedas. El conductor puede ir más deprisa pisando el pedal del acelerador. Esto aumenta el flujo de combustible al motor. Las marchas permiten que el coche sea conducido a diferentes velocidades sin que el motor vaya muy despacio o muy deprisa. La suspensión utiliza muelles para una conducción cómoda.

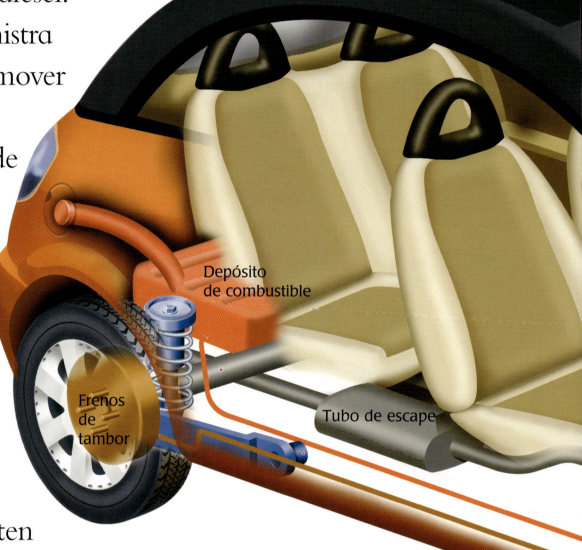

Depósito de combustible

Frenos de tambor

Tubo de escape

FRENOS

Para reducir la velocidad, el conductor pulsa el pedal del freno, lo que hace que las almohadillas del freno desplacen un disco situado en las ruedas. Un freno manual pone en funcionamiento las pastillas del freno, que están dentro de los tambores, unidos a las ruedas traseras.

Una batería suministra electricidad a un motor de arranque que pone en marcha el motor.

MOTOR DE GASOLINA

Un motor de gasolina funciona quemando una mezcla de gasolina y aire. La gasolina es extraída del depósito de combustible y pulverizada a los cilindros del motor. Aquí se inflama (arde) y se convierte en gases calientes. Los gases calientes fuerzan los pistones hacia abajo y esta acción hace girar un cigüeñal que está conectado a las ruedas.

Volante

Palanca de cambios

Batería

Suspensión

Pedal del freno

Motor

Radiador

Cigüeñal

Disco

Frenos

El agua, para refrigerar el motor, se bombea por el radiador hasta enfriarlo.

TRENES

Los trenes de alta velocidad son impulsados por motores eléctricos. En los trenes eléctricos diésel, el motor impulsa un generador que produce la electricidad.

Pantógrafo

Bloque motor

Salidas de aire

Bogie

ENERGÍA ELÉCTRICA

Este tren (arriba) toma su energía de los cables de electricidad que se extienden encima de las vías. Un pantógrafo recoge la electricidad, y entonces un bloque motor y un transformador controlan el flujo de electricidad a los motores.

TRENES MAGNÉTICOS

Los Maglevs, acrónimo de *magnetic levitation* (levitación magnética) son un tipo de trenes que utilizan imanes para sostenerse sobre los raíles, lo que evita la fricción de las ruedas sobre los mismos, que es lo que limita la velocidad de los trenes ordinarios. Por tanto, los trenes

Maglev pueden viajar muy rápido y han sido probados a velocidades de hasta 550 km/h. Los Maglevs también usan mucho menos combustible.

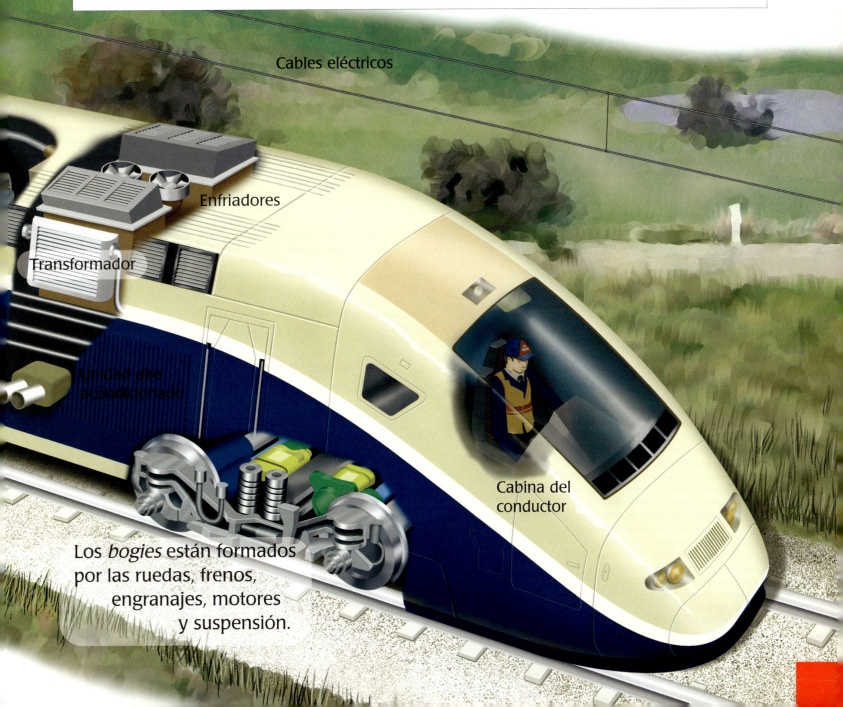

Cables eléctricos

Enfriadores

Transformador

Unidad aire acondicionado

Cabina del conductor

Los *bogies* están formados por las ruedas, frenos, engranajes, motores y suspensión.

BARCOS Y EMBARCACIONES

Los barcos son grandes embarcaciones que pueden viajar a través del mar. Las barcas son más pequeñas. La mayoría de los barcos son propulsados por motores que hacen girar una hélice.

Antena de radio

Radar

Puente

Chimenea de escape

Cabina de la tripulación

Defensas

Motor

Cabrestante que enrolla la soga de arrastre

Eje

Casco

REMOLCADOR

Los remolcadores son barcos diseñados para arrastrar otros grandes barcos, como petroleros. Tienen fuertes cascos de acero y defensas de goma para empujarlos. Los remolcadores tienen un motor extremadamente potente que impulsa una hélice grande. En este remolcador, la hélice puede ser gobernada, lo que cambia la dirección en la que se mueve.

SUBMARINOS

Los submarinos son barcos que pueden viajar por debajo del agua. Para sumergirse, dejan que el agua penetre en unos espacios vacíos llamados tanques de lastre y el submarino se hace más pesado. Para subir a la superficie, se bombea el agua fuera de los tanques.

INMERSIÓN

Los tanques de lastre se llenan de agua.

El agua es expulsada de los tanques de lastre.

SUPERFICIE

¿POR QUÉ FLOTA UN BARCO?

El agua empuja hacia arriba cualquier cosa sumergida. Todos los objetos que son más densos que el agua se hunden, mientras que los que son menos densos que el agua, flotan. Un barco de metal pesado flota porque contiene mucho aire, lo que le hace menos denso que el agua.

HÉLICE

Como en algunos aviones, muchos barcos y naves son propulsados por una hélice que está conectada con un eje a un motor. Las palas de la hélice son grandes y curvas. Cuando giran, el agua a su alrededor es absorbida y empujada hacia atrás, lo que hace que el barco sea arrastrado hacia delante.

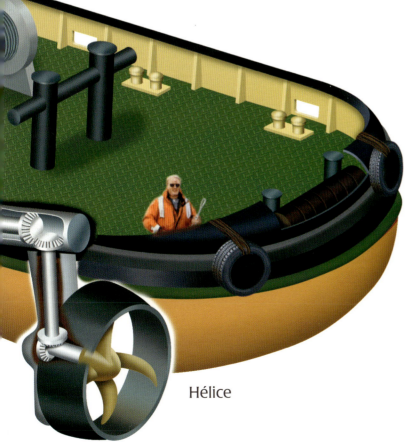

Hélice

AVIONES

Todas las máquinas voladoras son tipos de aviones. Los aviones y helicópteros son más pesados que el aire y necesitan alas o palas giratorias para mantenerse en el aire. Los globos y dirigibles vuelan porque se llenan con un gas más ligero que el aire.

Globo

Tripulación (dentro de la góndola)

Depósitos de combustible para los quemadores

GLOBO

Los globos de aire caliente tienen una bolsa grande que contiene aire. Los quemadores calientan el aire de la bolsa desde abajo, lo que crea la propulsión. La tripulación viaja en una góndola unida a la parte inferior de la bolsa.

Ala

Cabina de pasajeros

Bodega de equipajes

Cabina de vuelo

Partes de este avión de pasajeros han sido cortadas para que podamos ver el interior.

Motor

HELICÓPTEROS

La mayoría de los helicópteros son propulsados por un motor turboeje. Esto es, un turborreactor que gira un eje, que causa a su vez que las palas del rotor giren, empujando el aire hacia abajo, por lo que el aparato se eleva.

Los helicópteros pueden despegar y aterrizar verticalmente. Pueden mantenerse en el aire y volar en cualquier dirección.

Estabilizador vertical

Estabilizador horizontal

La mayoría de los aviones tiene un tubo central llamado fuselaje. El estabilizador horizontal y el vertical ayudan a que el avión vuele recto y nivelado. Algunos aviones de pasajeros modernos pueden llevar más de 500 personas.

TURBORREACTOR

En un turborreactor, un ventilador gigante absorbe aire. Parte de este aire pasa a través de los compresores que elevan la presión del aire. El combustible que se quema produce gases calientes que se mezclan con el resto del aire cuando es expulsado por la parte posterior del motor. La fuerza impulsa al avión hacia delante.

La fuerza del aire que se escapa de un globo lo impulsa en la dirección opuesta. Así funciona un turborreactor.

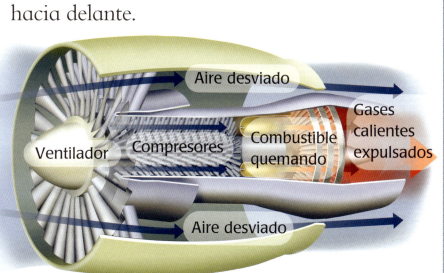

Aire desviado

Gases calientes expulsados

Combustible quemando

Ventilador

Compresores

Aire desviado

¿CÓMO VUELA UN AVIÓN?

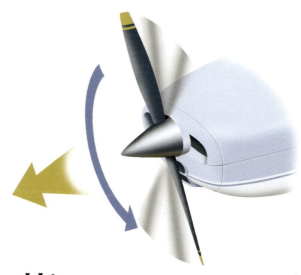

Un avión pesado puede volar por la forma de sus alas. Cuando el avión es impulsado hacia delante a gran velocidad, una fuerza llamada elevación hace que despegue.

HÉLICES

Algunos aviones son impulsados por hélices. Cada pala tiene una forma curva. Cuando giran, las palas absorben el aire de delante y lo envían hacia atrás, impulsando el avión.

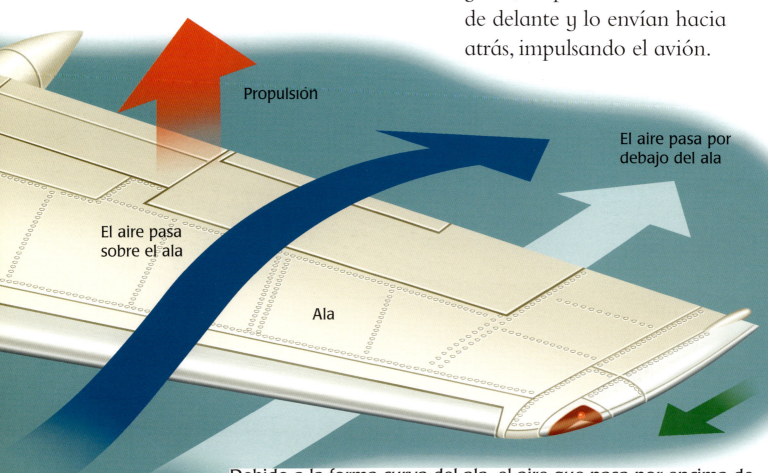

Propulsión

El aire pasa por debajo del ala

El aire pasa sobre el ala

Ala

Debido a la forma curva del ala, el aire que pasa por encima de ella se desplaza más rápidamente que el aire que pasa por debajo cuando el avión se desplaza hacia delante. El aire que pasa por encima del ala tiene menos presión. El resultado es una fuerza hacia arriba, llamada propulsión.

DIRECCIÓN

Debido a la forma curva del ala, el aire que pasa por encima de ella se desplaza más rápidamente que el aire que pasa por debajo cuando el avión se desplaza hacia delante.

CABECEO

Morro hacia arriba

Timón de altura

Cola hacia abajo

El aire que pasa por encima del ala tiene menos presión. El resultado es una fuerza hacia arriba, llamada propulsión. Para hacer que un avión suba, el piloto tira de la palanca de mando hacia atrás. Esto eleva los alerones de la cola, llamados timones de altura. El flujo de aire se vuelve hacia arriba haciendo que la cola del avión baje y su morro se eleve. Para hacer que el avión pique, el piloto empuja la palanca de mando hacia delante. Esto tiene el efecto opuesto, por lo que la cola se levanta y el morro baja.

Morro a la derecha

Timón de dirección

Cola izquierda

GUIÑADA

Para girar el avión a la derecha o a la izquierda, el piloto usa pedales para girar el timón de dirección de la cola. Esto cambia el flujo de aire. Para girar el avión con suavidad, el piloto también debe alabear el avión. Al subir un flap (alerón) en una de las alas principales, el avión alabea a un lado.

Ala arriba

Alerón

Alerón

ALABEO

Ala abajo

COHETES ESPACIALES

Un cohete espacial, para viajar en el espacio, debe alcanzar una velocidad de 40.000 km/h, que es la velocidad mínima necesaria para escapar de la gravedad de la Tierra. Por tanto, sus dos motores deben ser muy potentes y ser capaces de trabajar sin aire (no hay aire en el espacio). En un motor de cohete se mezclan dos tipos diferentes de combustible que generan gases calientes. Estos salen a través de una tobera a gran velocidad, lo que propulsa el cohete hacia arriba.

Un cohete espacial está formado por diferentes fases. Cuando se agota el combustible en la primera fase es desechado (lanzado al espacio).

Un satélite tiene dos elementos fundamentales: la carga útil o *payload* y la plataforma.

Depósito de combustible de hidrógeno líquido

Depósito de combustible de oxígeno líquido

Motor del cohete

Depósito de combustible de oxígeno líquido

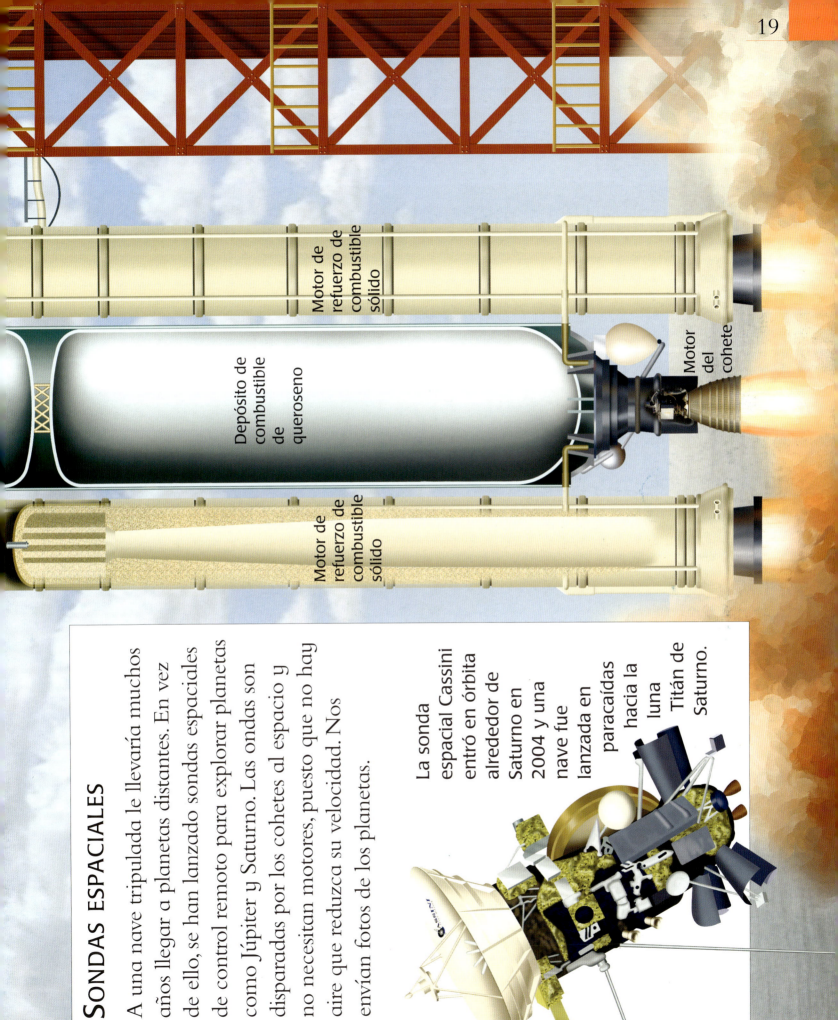

19

Motor de refuerzo de combustible sólido

Depósito de combustible de queroseno

Motor del cohete

Motor de refuerzo de combustible sólido

SONDAS ESPACIALES

A una nave tripulada le llevaría muchos años llegar a planetas distantes. En vez de ello, se han lanzado sondas espaciales de control remoto para explorar planetas como Júpiter y Saturno. Las ondas son disparadas por los cohetes al espacio y no necesitan motores, puesto que no hay aire que reduzca su velocidad. Nos envían fotos de los planetas.

La sonda espacial Cassini entró en órbita alrededor de Saturno en 2004 y una nave fue lanzada en paracaídas hacia la luna Titán de Saturno.

TELESCOPIOS

Un telescopio hace que las cosas distantes parezcan mucho más grandes y se pueden ver detalles que no son visibles a simple vista. En un telescopio de reflexión, la luz es reflejada por un espejo primario en forma de plato a un espejo secundario, y de ahí pasa al observador o a un sensor de luz.

Luz del objeto

Espejo secundario

Imagen reflejada al sensor de luz

Espejo primario

Un telescopio grande para observar el cielo nocturno está dentro de un observatorio. Las compuertas se deslizan para mostrar una vista de las estrellas.

OBSERVANDO EL ESPACIO

Los telescopios son esenciales para los científicos que estudian el espacio. Un reflector potente revela detalles de los planetas, nebulosas (nubes de polvo o gas) y galaxias que son invisibles a simple vista. Esta vista (derecha) de una galaxia a billones de kilómetros fue obtenida por el telescopio espacial Hubble.

Las imágenes son enviadas a la Tierra por medio de las antenas del telescopio espacial.

Cubierta

Antena

Espejo primario

Espejo secundario

Panel solar

Sensores

Antena

TELESCOPIO ESPACIAL

El telescopio espacial Hubble está orbitando a 620 km sobre la Tierra. Como no hay aire en el espacio, puede observar los objetos con mucha más claridad que los telescopios de la Tierra. Es tan sensible, que puede detectar la luz de una linterna a 400.000 km.

En esta ilustración podemos ver los espejos interiores del telescopio espacial Hubble.

CÁMARAS

Las cámaras se usan para sacar fotografías. Existen cámaras que registran imágenes en una película fotográfica, pero son más frecuentes las cámaras digitales, que registran las imágenes electrónicamente.

CÁMARA DIGITAL

La luz de una escena penetra en la cámara cuando se abre el obturador. La lente enfoca la luz para formar una imagen en un microchip; esto divide la imagen en miles de pequeños píxeles. El microchip registra el color de cada píxel en su memoria y entonces la imagen puede ser transferida a un ordenador.

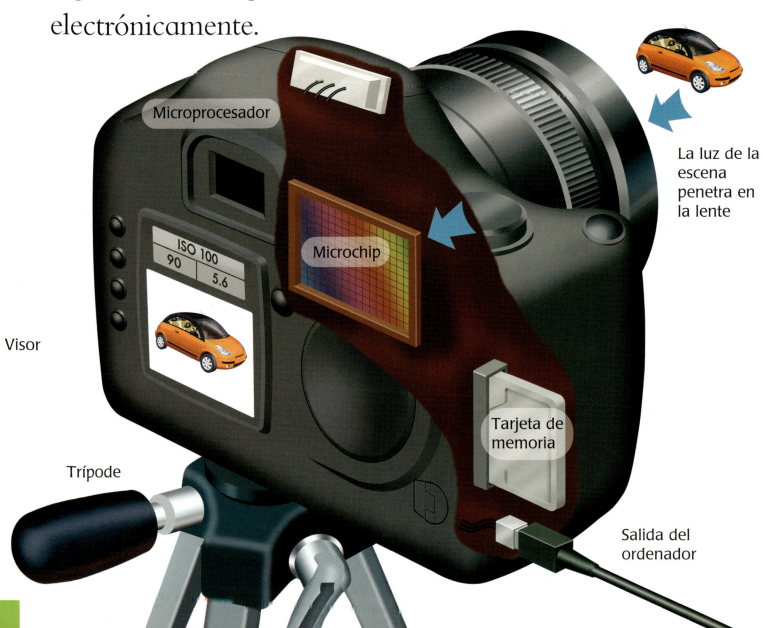

Microprocesador

ISO 100
90   5.6

Microchip

La luz de la escena penetra en la lente

Visor

Tarjeta de memoria

Trípode

Salida del ordenador

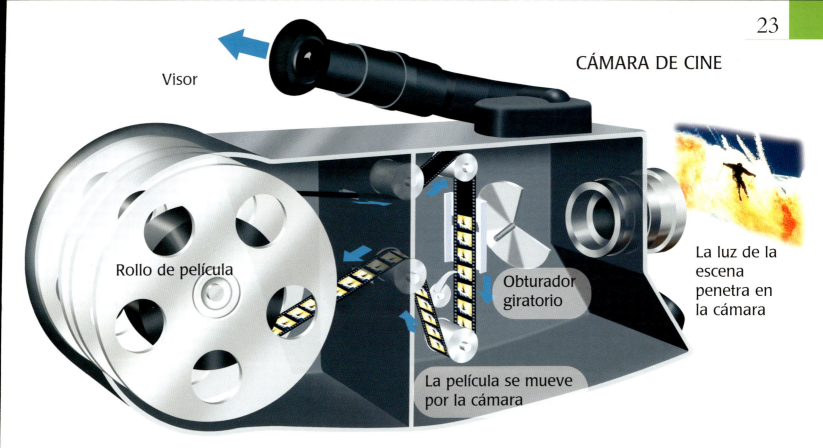

CÁMARA DE CINE

Visor

La luz de la escena penetra en la cámara

Obturador giratorio

La película se mueve por la cámara

Rollo de película

CÁMARA DE CINE

Una cámara de cine toma cientos de fotografías, llamadas fotogramas, de una escena en movimiento. Por cada segundo de acción, se almacenan 24 fotogramas de película. Dentro de la cámara hay un obturador giratorio que se abre para dejar que la luz alcance a la película, lo que crea un fotograma. Entonces se cierra y la película se desplaza a otra posición nueva para el siguiente fotograma. Esto sucede otra y otra vez hasta

que se consume el rollo total de la película. Un proyector de películas muestra la película. Una luz brillante reluce en cada fotograma y proyecta la imagen a una pantalla. Mientras el obturador se cierra, la película se mueve en un fotograma y los fotogramas se mueven tan rápido que la imagen parece moverse.

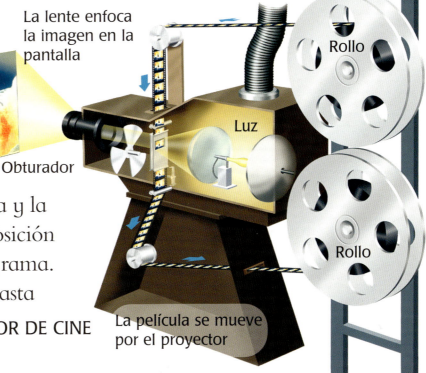

La lente enfoca la imagen en la pantalla

Obturador

Luz

Rollo

Rollo

PROYECTOR DE CINE

La película se mueve por el proyector

GRABACIÓN DIGITAL

La información puede grabarse en formato digital en un disco compacto (CD). Los sonidos, las imágenes, el vídeo o el texto se convierten en una serie de números representados por los dígitos 0 y 1. Estos son almacenados en un disco como una serie de fosos y llanos. El disco se «lee» por un rayo láser.

Esta ilustración muestra los fosos de un CD y el lector de rayo láser, muy aumentado. Puede haber alrededor de 3 billones de fosos en una sola pista espiral que empieza en el centro y se desenrolla en el borde del disco. Un foso típico tiene una milésima de un milímetro de largo.

Láser leyendo un foso

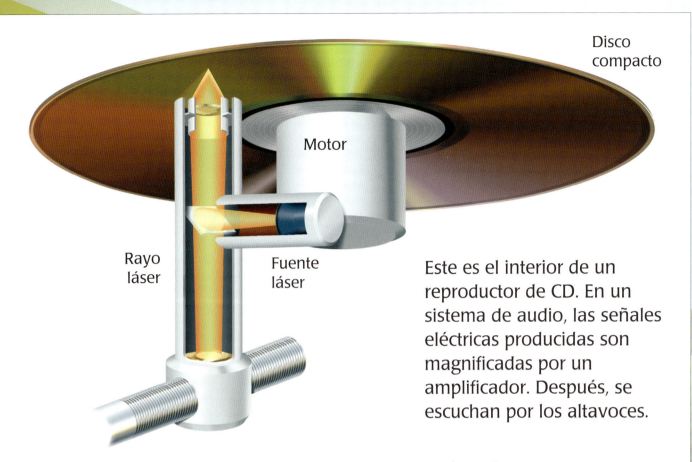

Disco compacto

Motor

Rayo láser

Fuente láser

Este es el interior de un reproductor de CD. En un sistema de audio, las señales eléctricas producidas son magnificadas por un amplificador. Después, se escuchan por los altavoces.

REPRODUCTOR DE DISCO COMPACTO (CD)

En un reproductor de audio CD, el disco es leído por un rayo de luz láser. Una serie de espejos y lentes enfocan el rayo a la parte inferior del disco. El rayo reflejado muestra los diferentes fosos y llanos y la máquina los convierte en señales eléctricas. Muchos millones de señales eléctricas juntas forman una pieza de música. Los CD-ROM de los ordenadores que contienen datos, texto o gráficos y los DVDs que contienen una película o programa de televisión, funcionan de la misma manera.

Foso

Llano

Tanto un disco compacto (CD) como un disco versátil digital (DVD) son discos de plástico y aluminio que miden 12 cm de diámetro.

TELEVISIÓN

Estación terrestre

La televisión es una forma de enviar imágenes en movimiento de un lugar a otro. Hay miles de canales de TV alrededor del mundo. La mayoría de los programas están grabados, pero algunos, sobre todo las noticias y el deporte, son retransmitidos en vivo: los espectadores ven la acción según ocurre.

Para hacer un programa de televisión, una cámara toma las imágenes mientras un micrófono recoge los sonidos (abajo, a la izquierda). Las imágenes y sonidos se mezclan en la sala de control (abajo).

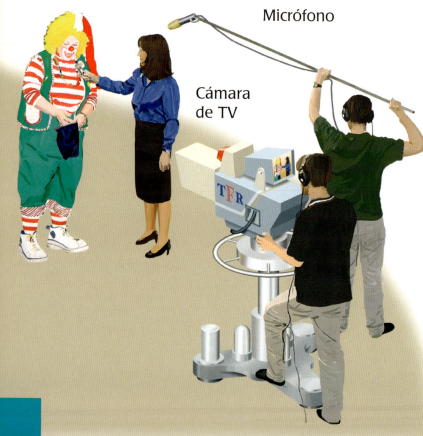

Micrófono

Cámara de TV

CÁMARA DE TELEVISIÓN

Una cámara de TV contiene dispositivos de carga acoplada (CCD). Según la cámara capta una escena, los CCDs recogen la luz en millones de pequeños cuadrados, llamados píxeles. Cada píxel mide el brillo y el color de esa luz (formada por el rojo, azul o verde) en formato digital. La cámara capta la escena que cambia 25 veces por segundo.

Satélite

Antena
aérea

IMÁGENES VÍA SATÉLITE

Un programa de televisión puede ser emitido por cable, o transmitido por radio en señales a través de la superficie (terrestres) o vía espacial (satélite). Un satélite captura las señales de radio de la estación de tierra y las retransmite de vuelta a las antenas aéreas.

Una antena aérea en el tejado de una casa recoge las señales de radio. Éstas viajan por cable al receptor de TV que las convierte en luz roja, verde y azul, además de sonido.

Dentro de un receptor de TV, tres «pistolas» disparan rayos de fuego a la pantalla que produce líneas, cada una formada por puntos de luz rojos, verdes y amarillos. El brillo de cada punto está controlado por las señales de color. Nuestros ojos mezclan las líneas de puntos y las ven como imágenes a todo color.

Vista cercana de la pantalla de televisión.

ORDENADORES

Los ordenadores son máquinas electrónicas muy útiles que pueden ser utilizadas para acceder a internet, hacer volar un avión, diseñar un coche, almacenar datos o simplemente jugar.

Pantalla

Unidad de CD

Disco duro

Unidad central de proceso (CPU)

La parte principal de un ordenador es la CPU, el «cerebro» del ordenador. Los pequeños microprocesadores que se encuentran dentro reciben instrucciones de un programa y las ejecutan. Los programas y los datos son almacenados en un disco duro. La memoria del ordenador contiene la información como señales eléctricas.

HARDWARE Y SOFTWARE

El *hardware* es el equipo básico del ordenador, que incluye la unidad central de proceso (CPU), la memoria, la pantalla o monitor, las unidades de CD o DVD, el teclado, el ratón, la impresora y el escáner. El *software* incluye el sistema operativo que permite funcionar al ordenador, y las bases de datos, juegos y programas gráficos.

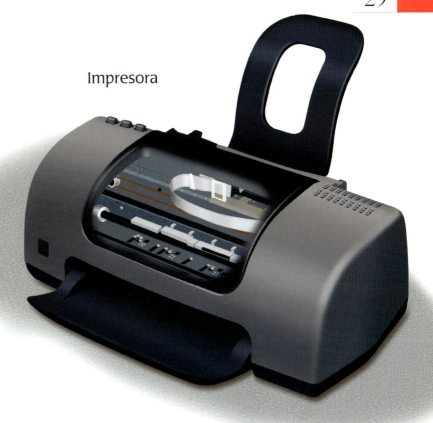

Impresora

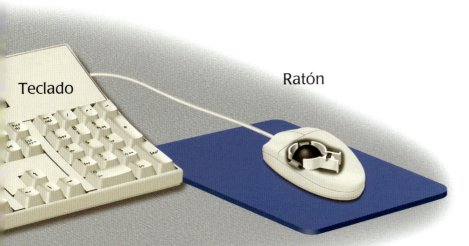

Teclado

Ratón

Se puede usar el ratón para mover el puntero por la pantalla. Una bola dentro del ratón mueve un par de ruedas. La luz que brilla por las ranuras de las ruedas destella cuando gira la rueda. Estos destellos producen señales eléctricas y le dicen al ordenador en qué dirección se mueve el ratón.

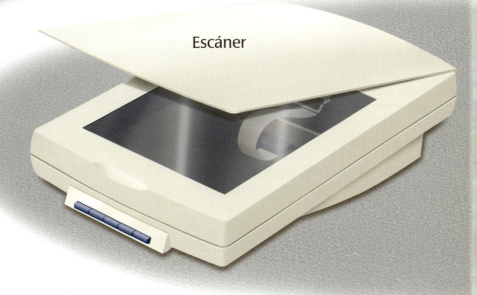

Escáner

El escáner permite guardar imágenes en el ordenador. Un escáner plano trabaja grabando la luz reflejada de la imagen original. La luz es captada por un sensor que divide la imagen en miles de píxeles que son cargados en el ordenador.

TELÉFONOS E INTERNET

Las llamadas de teléfono, los mensajes de texto, los correos electrónicos y los datos del ordenador viajan de un lugar a otro. Todos ellos son convertidos en señales y enviados a través de una gigantesca red de comunicaciones. La red está formada por líneas telefónicas, cables y enlaces por radio y satélite.

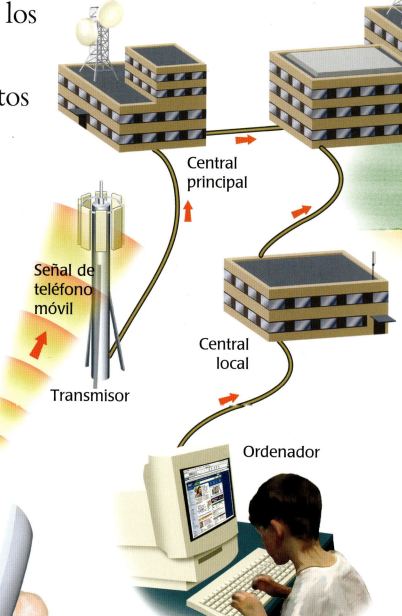

Central principal

Señal de teléfono móvil

Central local

Transmisor

Ordenador

Teléfono móvil

Los teléfonos móviles usan ondas de radio para hacer llamadas o enviar mensajes. Las señales no van directamente de un teléfono a otro, sino que son capturadas por un transmisor en la zona local, o «célula» y entonces pasan por la red a un teléfono móvil en otra célula, o a un teléfono fijo.

Satélite

Central internacional

Central internacional

Cable submarino

Transmisor

Las centrales telefónicas están enlazadas de diferentes maneras. Algunos enlaces son por cable, otros por ondas de radio, o señales invisibles que viajan por el aire. Los enlaces también pueden ser por satélite o por cables submarinos.

Central principal

Central local

Los correos electrónicos se envían y reciben por internet. Un servidor envía el correo electrónico al buzón de correo correcto.

Teléfono móvil

Ordenador

UNA RED DE ORDENADORES

Internet es una red gigante que enlaza a millones de ordenadores de todo el mundo. La información (texto, imágenes, videoclips, etc.) viaja entre ordenadores por los enlaces de la red. Las personas acceden a internet para enviar correos electrónicos y para usar la Red Mundial *(World Wide Web)*, una colección gigantesca de sitios web.

ÍNDICE